Ein Heuler in der Seehundstation

Eine Geschichte von Gabriela Krümmel
und Sabine Choinski
mit Bildern von Günther Jakobs

Lesestufe 1

CARLSEN

Am Meer

Felix und sein Papa

machen Urlaub am  .

Die  scheint ganz warm.

Felix geht jeden Tag an den Strand.

Er sucht  und

baut eine  .

„Morgen wandern wir!“, sagt Papa.

Felix freut sich.

Im 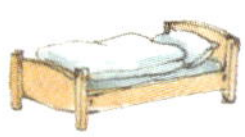 schläft er schnell ein.

Am nächsten Morgen

ist Felix ganz früh wach.

Er packt seinen blauen .

Ein  nimmt er auch mit.

Seine gelben  leuchten im Watt.

Ein  läuft schnell ins Wasser.

Felix findet viele ,  und

sogar einen .

Er sammelt alles in

seinem Kescher.

„Schau mal“, ruft Felix.

„Dahinten liegt ein  !“

Papa sieht durch das .

„Das ist kein  “, sagt er.

„Das ist ein junger .

Er hat seine Mutter verloren.

Deswegen nennt man ihn Heuler.“

„Können wir ihn mitnehmen?“,

bettelt Felix.

„Nein“, antwortet Papa.

„Vielleicht kommt

die  -Mutter bald zurück.“

Felix und Papa setzen sich

auf eine .

Felix holt seine 

aus dem .

Dabei beobachtet er den .

Leserätsel

Was baut Felix am Strand?

- S Einen Sandkuchen.
- U Eine Sandale.
- M Eine Sandburg.
- R Ein Sandwich.

Was braucht Felix für seinen Ausflug zum Strand?

- A Kartoffel-
- E Ruck-

- E Fern-
- T Trink-

- Z Reit-
- R Gummi-

Die Buchstaben neben allen richtigen Antworten verraten dir, wo Felix Urlaub macht: am Meer.

Wie kommt der Seehund zum Fisch?

Der Seehundfänger kommt

Der kleine  heult laut.

Aber die -Mutter kommt nicht.

Papa nimmt sein 

und ruft die Polizei an.

Die Polizei sagt bei der

-Station Bescheid.

Sie schicken einen .

Er setzt den 

in eine Wanne aus Plastik.

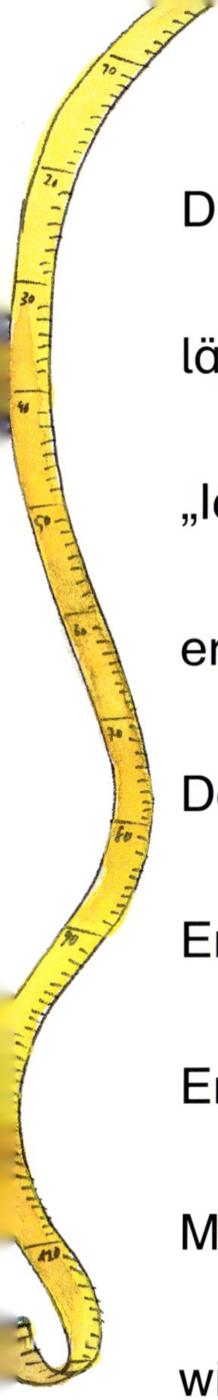

Die Wanne mit dem Heuler

lädt er in sein .

„Ich bringe ihn zur -Station“,

erklärt er Felix.

Dort wartet schon der Tier-.

Er setzt den Heuler auf die .

Er wiegt 8 Kilogramm.

Mit einem 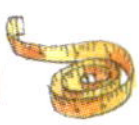

wird er gemessen.

Er ist 50 Zentimeter lang.

Der Heuler soll Karlchen heißen.

Da kommt Jan, der Pfleger.

Er hat eine  aus Gummi an.

Mit einem  und einem 

bekommt Karlchen Welpen-Milch.

Jetzt darf Karlchen

zum ersten Mal ins Wasserbecken.

Zwei andere 

schauen neugierig zu.

Mit ihren großen 

beobachten sie den Neuen.

Karlchen ist aufgeregt.

Mit seinen 

schlägt er auf und ab.

Dann schwimmt er los.

Leserätsel

Löse das Kreuzworträtsel:

Die Buchstaben in den gelben Feldern verraten dir, wie ein Seehundjunges heißt, das nach seiner Mutter ruft:

Wie heißt der Pfleger der Seehunde?

- [ ] Jammerlappen
- [x] Jan
- [ ] Jo-Jo
- [ ] Jane

Ergänze die fehlenden Buchstaben:

1. DER __LEINE SEEHUND HEULT.

2. PAPA NIMMT SEIN H__NDY.

3. ER __UFT DIE POLIZEI AN.

4. DER HEU__ER WIEGT 8 KILOGRAMM.

5. ER BEKOMMT WELPEN-MIL__ __.

6. ER SCHLÄGT MIT SEINEN FLOSS__N.

7. UND SCHO__ SCHWIMMT ER LOS!

Wenn du die Buchstaben zusammen setzt, erhältst du das Lösungswort:

__ __ __ __ __ __ __ __

1 2 3 4 5 6 7

Besuch für Karlchen

Heute gibt es  .

In seinem 

bringt Jan viele Heringe mit.

Mit einem  schneidet er

die  klein.

Karlchen sperrt sein Maul auf.

Mit seinen spitzen 

packt er den 

und schlingt ihn hinunter.

Ein rotes  hält

vor der  -Station.

Felix und sein Papa

wollen Karlchen besuchen.

Sie dürfen nicht zu nahe

an das Wasserbecken heran.

Die  sollen sich

nicht an Menschen gewöhnen.

Eine führt Felix und Papa

auf den Besucherturm.

Durch das 

kann Felix Karlchen sehen.

„Ich erkenne ihn

an den vielen schwarzen Punkten

auf seinem Kopf!“,

ruft Felix aufgeregt.

Mit seiner  macht er viele Fotos.

Pfleger Jan kommt

mit einem dicken .

Karlchen soll lernen,

den  zu fangen.

Bald wird er mit den

anderen 

im  schwimmen.

Felix macht ein trauriges .

Papa nimmt ihn in den .

Zum Trost kauft er ihm

einen  aus Plüsch.

Der hat ganz weiches Fell.

Karlchen ist nun vier Monate alt

und wiegt 26 Kilogramm.

Mit einem  wird er

auf das  hinausgebracht.

An einer Sandbank hält das .

Neugierig schaut Karlchen

über den Rand des .

Jan steigt aus und setzt ihn auf den Strand.

Eine Welle trägt Karlchen

auf das  hinaus.

Er schwimmt

mit den anderen  davon.

Jan sieht ihm noch lange nach.

Mach's gut, Karlchen!

Wörterliste

 Meer

 Sonne

 Muscheln

 Sandburg

 Bett

 Rucksack

 Fernglas

 Gummistiefel

 Krebs

 Schnecken

 Seestern

 Hund

 Seehund

 Seehunde

 Decke

 Trinkflasche

 Handy

 Mann

 Auto

 Arzt

 Waage

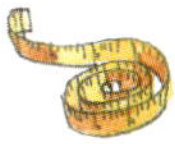 Maßband

 Hose

 Trichter

 Schlauch

 Augen

 Flossen

 Fisch

 Eimer

 Messer

 Fische

 Zähne

 Treppe

 Fenster

 Kamera

 Gesicht

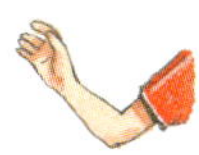 Arm

 Boot

Das braucht man für die Aufzucht eines Heulers:

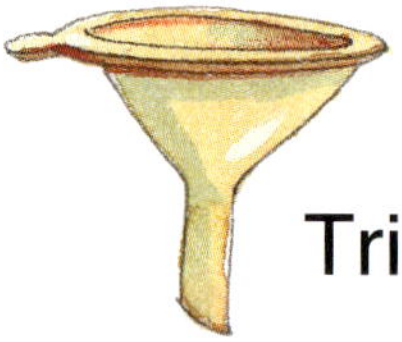

Trichter

Schlauch

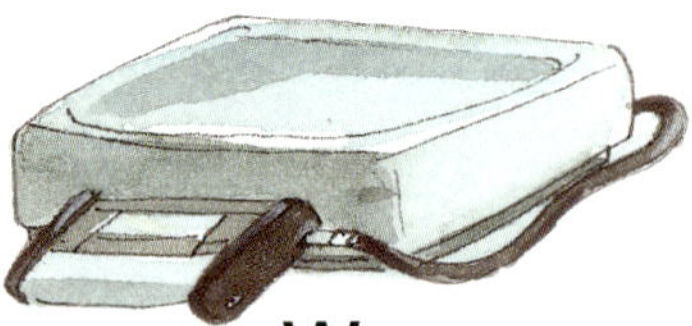

Waage

Pfleger

Messbecher

Welpen-Milch

Eimer

Fische

Wasserbecken

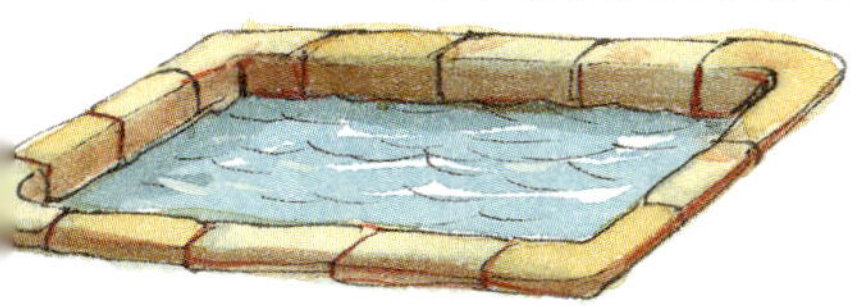

Lösungen

S. 6/7

Felix baut eine SANDBURG.

Das braucht Felix für seinen Ausflug zum Strand:
Rucksack, Fernglas, Gummistiefel

Felix macht Urlaub am MEER.

So kommt der Seehund zum Fisch:

S. 12/13

HANDY
WANNE
AUTO
SCHLAUCH
SEEHUND
TRICHTER

Ein Seehundjunges, das nach seiner Mutter ruft, heißt HEULER.

Der Pfleger heißt JAN.

Lösungswort: KARLCHEN

1 2 3 4 5 12 11 10 09

Umschlagkonzeption und Illustration der Maus:
Hildegard Müller
Lesemaus-Redaktion: Anja Kunle
Druck und Bindung: Himmer AG, Augsburg
ISBN: 978-3-551-06312-0
Printed in Germany